# Business Planner

# Personal Details

Name: _____

Phone no: _____

Email: _____

Address: _____

_____

_____

Department: _____

Start date: _____

Notes: _____

_____

_____

_____

# Yearly *Business Goals*

**YEAR:**

**MAIN OBJECTIVE:** _____
_____

| GOAL #1 | GOAL #2 | GOAL #3 |
|---------|---------|---------|
|         |         |         |

## STEPS TO ACHIEVE MY GOALS

- ○ _____
- ○ _____
- ○ _____
- ○ _____
- ○ _____
- ○ _____

- ○ _____
- ○ _____
- ○ _____
- ○ _____
- ○ _____
- ○ _____

## NOTES

# Monthly *Business Goals*

**YEAR:**

| JANUARY | FEBRUARY | MARCH |
|---|---|---|
|  |  |  |

| APRIL | MAY | JUNE |
|---|---|---|
|  |  |  |

| JULY | AUGUST | SEPTEMBER |
|---|---|---|
|  |  |  |

| OCTOBER | NOVEMBER | DECEMBER |
|---|---|---|
|  |  |  |

# Monthly *Profit Summary*

| JANUARY | FEBRUARY | MARCH |
|---|---|---|
|  |  |  |
|  |  |  |
|  |  |  |
|  |  |  |
|  |  |  |
|  |  |  |
|  |  |  |
|  |  |  |
|  |  |  |
|  |  |  |
|  |  |  |
|  |  |  |
|  |  |  |
| TOTAL: |  |  |

| APRIL | MAY | JUNE |
|---|---|---|
|  |  |  |
|  |  |  |
|  |  |  |
|  |  |  |
|  |  |  |
|  |  |  |
|  |  |  |
|  |  |  |
|  |  |  |
|  |  |  |
|  |  |  |
|  |  |  |
|  |  |  |
| TOTAL: |  |  |

# Monthly *Profit Summary*

| JULY | AUGUST | SEPTEMBER |
|---|---|---|
|  |  |  |
|  |  |  |
|  |  |  |
|  |  |  |
|  |  |  |
|  |  |  |
|  |  |  |
|  |  |  |
|  |  |  |
|  |  |  |
|  |  |  |
|  |  |  |
| **TOTAL:** |  |  |

| OCTOBER | NOVEMBER | DECEMBER |
|---|---|---|
|  |  |  |
|  |  |  |
|  |  |  |
|  |  |  |
|  |  |  |
|  |  |  |
|  |  |  |
|  |  |  |
|  |  |  |
|  |  |  |
|  |  |  |
|  |  |  |
| **TOTAL:** |  |  |

# MONTHLY *Goals*

**MONTH:**            **YEAR:**

**MAIN OBJECTIVE:** _____

| GOAL #1 | GOAL #2 | GOAL #3 |
|---|---|---|
|  |  |  |

## STEPS TO ACHIEVE MY GOALS

- ○ _____
- ○ _____
- ○ _____
- ○ _____
- ○ _____
- ○ _____

- ○ _____
- ○ _____
- ○ _____
- ○ _____
- ○ _____
- ○ _____

## NOTES

_____
_____
_____
_____
_____
_____
_____

# Monthly *Budget*

**MONTH:**  **YEAR:**

| SOURCE OF INCOME | PROJECTED | ACTUAL | DIFFERENCE (+/-) |
|---|---|---|---|
|  |  |  |  |
|  |  |  |  |
|  |  |  |  |
|  |  |  |  |
|  |  |  |  |
|  |  |  |  |
|  |  |  |  |
|  |  |  |  |
|  |  |  |  |
|  |  |  |  |
|  |  |  |  |

| EXPENSE | PROJECTED | ACTUAL | DIFFERENCE (+/-) |
|---|---|---|---|
|  |  |  |  |
|  |  |  |  |
|  |  |  |  |
|  |  |  |  |
|  |  |  |  |
|  |  |  |  |
|  |  |  |  |
|  |  |  |  |
|  |  |  |  |
|  |  |  |  |
|  |  |  |  |
|  |  |  |  |

# Monthly *Income*

MONTH:　　　　　　　　YEAR:

| DATE | SOURCE | INCOME |
|------|--------|--------|
|      |        |        |
|      |        |        |
|      |        |        |
|      |        |        |
|      |        |        |
|      |        |        |
|      |        |        |
|      |        |        |
|      |        |        |
|      |        |        |
|      |        |        |
|      |        |        |
|      |        |        |
|      |        |        |
|      |        |        |
|      |        |        |
|      |        |        |
|      |        |        |
|      |        |        |
|      |        |        |
|      |        |        |
|      |        |        |
|      |        |        |
|      |        |        |
|      |        |        |
|      |        |        |

# Monthly Expenses

MONTH: YEAR:

| DATE | DESCRIPTION | INVOICE | AMOUNT |
|------|-------------|---------|--------|
|      |             |         |        |
|      |             |         |        |
|      |             |         |        |
|      |             |         |        |
|      |             |         |        |
|      |             |         |        |
|      |             |         |        |
|      |             |         |        |
|      |             |         |        |
|      |             |         |        |
|      |             |         |        |
|      |             |         |        |
|      |             |         |        |
|      |             |         |        |
|      |             |         |        |
|      |             |         |        |
|      |             |         |        |
|      |             |         |        |
|      |             |         |        |
|      |             |         |        |
|      |             |         |        |
|      |             |         |        |
|      |             |         |        |
|      |             |         |        |

# Tax *Deductions*

**MONTH:**  **YEAR:**

| DATE | DESCRIPTION | AMOUNT | NOTES |
|------|-------------|--------|-------|
|      |             |        |       |
|      |             |        |       |
|      |             |        |       |
|      |             |        |       |
|      |             |        |       |
|      |             |        |       |
|      |             |        |       |
|      |             |        |       |
|      |             |        |       |
|      |             |        |       |
|      |             |        |       |
|      |             |        |       |
|      |             |        |       |
|      |             |        |       |
|      |             |        |       |
|      |             |        |       |
|      |             |        |       |
|      |             |        |       |
|      |             |        |       |
|      |             |        |       |
|      |             |        |       |
|      |             |        |       |
|      |             |        |       |
|      |             |        |       |

# Marketing *Planner*

**MONTH:**

**START:**  **END:**

**RESOURCES**

## ADVERTISING BREAKDOWN & OVERVIEW

**COMPAIGN:** _____  **BUDGET:** _____

**AUDIENCE:** _____  **COST:** _____

**REACH:** _____  **LEADS:** _____

**TRAFFIC:** _____  **RE-BOOK:** _____

## IMPORTANT NOTES

# Mileage Tracker

**MONTH:**        **YEAR:**

| DATE | TO | FROM | PURPOSE | TOTAL DISTANCE |
|------|----|------|---------|----------------|
|      |    |      |         |                |
|      |    |      |         |                |
|      |    |      |         |                |
|      |    |      |         |                |
|      |    |      |         |                |
|      |    |      |         |                |
|      |    |      |         |                |
|      |    |      |         |                |
|      |    |      |         |                |
|      |    |      |         |                |
|      |    |      |         |                |
|      |    |      |         |                |
|      |    |      |         |                |
|      |    |      |         |                |
|      |    |      |         |                |
|      |    |      |         |                |
|      |    |      |         |                |
|      |    |      |         |                |
|      |    |      |         |                |
|      |    |      |         |                |
|      |    |      |         |                |
|      |    |      |         |                |
|      |    |      |         |                |
|      |    |      |         |                |
|      |    |      |         |                |

# Monthly Notes

# MONTHLY *Goals*

**MONTH:**                      **YEAR:**

**MAIN OBJECTIVE:**

| GOAL #1 | GOAL #2 | GOAL #3 |
|---|---|---|
|  |  |  |

## STEPS TO ACHIEVE MY GOALS

- ○ _____
- ○ _____
- ○ _____
- ○ _____
- ○ _____
- ○ _____

- ○ _____
- ○ _____
- ○ _____
- ○ _____
- ○ _____
- ○ _____

## NOTES

# Monthly Budget

**MONTH:**             **YEAR:**

| SOURCE OF INCOME | PROJECTED | ACTUAL | DIFFERENCE (+/-) |
|---|---|---|---|
| | | | |
| | | | |
| | | | |
| | | | |
| | | | |
| | | | |
| | | | |
| | | | |
| | | | |
| | | | |
| | | | |

| EXPENSE | PROJECTED | ACTUAL | DIFFERENCE (+/-) |
|---|---|---|---|
| | | | |
| | | | |
| | | | |
| | | | |
| | | | |
| | | | |
| | | | |
| | | | |
| | | | |
| | | | |
| | | | |
| | | | |

# Monthly *Income*

**MONTH:**                 **YEAR:**

| DATE | SOURCE | INCOME |
|---|---|---|
|  |  |  |
|  |  |  |
|  |  |  |
|  |  |  |
|  |  |  |
|  |  |  |
|  |  |  |
|  |  |  |
|  |  |  |
|  |  |  |
|  |  |  |
|  |  |  |
|  |  |  |
|  |  |  |
|  |  |  |
|  |  |  |
|  |  |  |
|  |  |  |
|  |  |  |
|  |  |  |
|  |  |  |
|  |  |  |
|  |  |  |
|  |  |  |
|  |  |  |

# Monthly *Expenses*

**MONTH:**                      **YEAR:**

| DATE | DESCRIPTION | INVOICE | AMOUNT |
|------|-------------|---------|--------|
|      |             |         |        |
|      |             |         |        |
|      |             |         |        |
|      |             |         |        |
|      |             |         |        |
|      |             |         |        |
|      |             |         |        |
|      |             |         |        |
|      |             |         |        |
|      |             |         |        |
|      |             |         |        |
|      |             |         |        |
|      |             |         |        |
|      |             |         |        |
|      |             |         |        |
|      |             |         |        |
|      |             |         |        |
|      |             |         |        |
|      |             |         |        |
|      |             |         |        |
|      |             |         |        |
|      |             |         |        |
|      |             |         |        |
|      |             |         |        |

# Tax *Deductions*

**MONTH:**        **YEAR:**

| DATE | DESCRIPTION | AMOUNT | NOTES |
|---|---|---|---|
|  |  |  |  |
|  |  |  |  |
|  |  |  |  |
|  |  |  |  |
|  |  |  |  |
|  |  |  |  |
|  |  |  |  |
|  |  |  |  |
|  |  |  |  |
|  |  |  |  |
|  |  |  |  |
|  |  |  |  |
|  |  |  |  |
|  |  |  |  |
|  |  |  |  |
|  |  |  |  |
|  |  |  |  |
|  |  |  |  |
|  |  |  |  |
|  |  |  |  |
|  |  |  |  |
|  |  |  |  |
|  |  |  |  |
|  |  |  |  |

# Marketing *Planner*

| MONTH: | RESOURCES |
|---|---|
| START:   END: | |

## ADVERTISING BREAKDOWN & OVERVIEW

**COMPAIGN:** _____  **BUDGET:** _____

**AUDIENCE:** _____  **COST:** _____

**REACH:** _____  **LEADS:** _____

**TRAFFIC:** _____  **RE-BOOK:** _____

## IMPORTANT NOTES

# Mileage *Tracker*

**MONTH:** **YEAR:**

| DATE | TO | FROM | PURPOSE | TOTAL DISTANCE |
|------|----|----|---------|----------------|
|      |    |      |         |                |
|      |    |      |         |                |
|      |    |      |         |                |
|      |    |      |         |                |
|      |    |      |         |                |
|      |    |      |         |                |
|      |    |      |         |                |
|      |    |      |         |                |
|      |    |      |         |                |
|      |    |      |         |                |
|      |    |      |         |                |
|      |    |      |         |                |
|      |    |      |         |                |
|      |    |      |         |                |
|      |    |      |         |                |
|      |    |      |         |                |
|      |    |      |         |                |
|      |    |      |         |                |
|      |    |      |         |                |
|      |    |      |         |                |
|      |    |      |         |                |
|      |    |      |         |                |
|      |    |      |         |                |
|      |    |      |         |                |
|      |    |      |         |                |

# Monthly Notes

# MONTHLY *Goals*

**MONTH:**                **YEAR:**

**MAIN OBJECTIVE:** _____

| GOAL #1 | GOAL #2 | GOAL #3 |
|---------|---------|---------|
|         |         |         |

## STEPS TO ACHIEVE MY GOALS

- ○ _____
- ○ _____
- ○ _____
- ○ _____
- ○ _____
- ○ _____

- ○ _____
- ○ _____
- ○ _____
- ○ _____
- ○ _____
- ○ _____

## NOTES

# Monthly Budget

**MONTH:**  **YEAR:**

| SOURCE OF INCOME | PROJECTED | ACTUAL | DIFFERENCE (+/-) |
|---|---|---|---|
| | | | |
| | | | |
| | | | |
| | | | |
| | | | |
| | | | |
| | | | |
| | | | |
| | | | |
| | | | |
| | | | |

| EXPENSE | PROJECTED | ACTUAL | DIFFERENCE (+/-) |
|---|---|---|---|
| | | | |
| | | | |
| | | | |
| | | | |
| | | | |
| | | | |
| | | | |
| | | | |
| | | | |
| | | | |
| | | | |
| | | | |

# Monthly *Income*

**MONTH:**  **YEAR:**

| DATE | SOURCE | INCOME |
|------|--------|--------|
|      |        |        |
|      |        |        |
|      |        |        |
|      |        |        |
|      |        |        |
|      |        |        |
|      |        |        |
|      |        |        |
|      |        |        |
|      |        |        |
|      |        |        |
|      |        |        |
|      |        |        |
|      |        |        |
|      |        |        |
|      |        |        |
|      |        |        |
|      |        |        |
|      |        |        |
|      |        |        |
|      |        |        |
|      |        |        |
|      |        |        |
|      |        |        |
|      |        |        |

# Monthly Expenses

**MONTH:**　　　　　　　　　　**YEAR:**

| DATE | DESCRIPTION | INVOICE | AMOUNT |
|------|-------------|---------|--------|
|      |             |         |        |
|      |             |         |        |
|      |             |         |        |
|      |             |         |        |
|      |             |         |        |
|      |             |         |        |
|      |             |         |        |
|      |             |         |        |
|      |             |         |        |
|      |             |         |        |
|      |             |         |        |
|      |             |         |        |
|      |             |         |        |
|      |             |         |        |
|      |             |         |        |
|      |             |         |        |
|      |             |         |        |
|      |             |         |        |
|      |             |         |        |
|      |             |         |        |
|      |             |         |        |
|      |             |         |        |
|      |             |         |        |
|      |             |         |        |
|      |             |         |        |

# Tax *Deductions*

**MONTH:** **YEAR:**

| DATE | DESCRIPTION | AMOUNT | NOTES |
|------|-------------|--------|-------|
|  |  |  |  |
|  |  |  |  |
|  |  |  |  |
|  |  |  |  |
|  |  |  |  |
|  |  |  |  |
|  |  |  |  |
|  |  |  |  |
|  |  |  |  |
|  |  |  |  |
|  |  |  |  |
|  |  |  |  |
|  |  |  |  |
|  |  |  |  |
|  |  |  |  |
|  |  |  |  |
|  |  |  |  |
|  |  |  |  |
|  |  |  |  |
|  |  |  |  |
|  |  |  |  |
|  |  |  |  |
|  |  |  |  |
|  |  |  |  |
|  |  |  |  |

# Marketing *Planner*

**MONTH:**

**START:**        **END:**

**RESOURCES**

## ADVERTISING BREAKDOWN & OVERVIEW

**COMPAIGN:** _____  **BUDGET:** _____

**AUDIENCE:** _____  **COST:** _____

**REACH:** _____  **LEADS:** _____

**TRAFFIC:** _____  **RE-BOOK:** _____

## IMPORTANT NOTES

# Mileage Tracker

MONTH: YEAR:

| DATE | TO | FROM | PURPOSE | TOTAL DISTANCE |
|------|----|----|---------|----------------|
|      |    |      |         |                |
|      |    |      |         |                |
|      |    |      |         |                |
|      |    |      |         |                |
|      |    |      |         |                |
|      |    |      |         |                |
|      |    |      |         |                |
|      |    |      |         |                |
|      |    |      |         |                |
|      |    |      |         |                |
|      |    |      |         |                |
|      |    |      |         |                |
|      |    |      |         |                |
|      |    |      |         |                |
|      |    |      |         |                |
|      |    |      |         |                |
|      |    |      |         |                |
|      |    |      |         |                |
|      |    |      |         |                |
|      |    |      |         |                |
|      |    |      |         |                |
|      |    |      |         |                |
|      |    |      |         |                |
|      |    |      |         |                |

# Monthly Notes

# MONTHLY *Goals*

MONTH: _____  YEAR: _____

**MAIN OBJECTIVE:** _____
_____

| GOAL #1 | GOAL #2 | GOAL #3 |
|---------|---------|---------|
|         |         |         |

## STEPS TO ACHIEVE MY GOALS

- ○ _____
- ○ _____
- ○ _____
- ○ _____
- ○ _____
- ○ _____

- ○ _____
- ○ _____
- ○ _____
- ○ _____
- ○ _____
- ○ _____

## NOTES

_____
_____
_____
_____
_____
_____
_____
_____

# Monthly Budget

**MONTH:**  **YEAR:**

| SOURCE OF INCOME | PROJECTED | ACTUAL | DIFFERENCE (+/-) |
|---|---|---|---|
|  |  |  |  |
|  |  |  |  |
|  |  |  |  |
|  |  |  |  |
|  |  |  |  |
|  |  |  |  |
|  |  |  |  |
|  |  |  |  |
|  |  |  |  |
|  |  |  |  |

| EXPENSE | PROJECTED | ACTUAL | DIFFERENCE (+/-) |
|---|---|---|---|
|  |  |  |  |
|  |  |  |  |
|  |  |  |  |
|  |  |  |  |
|  |  |  |  |
|  |  |  |  |
|  |  |  |  |
|  |  |  |  |
|  |  |  |  |
|  |  |  |  |
|  |  |  |  |

# Monthly *Income*

**MONTH:**  **YEAR:**

| DATE | SOURCE | INCOME |
|------|--------|--------|
|      |        |        |
|      |        |        |
|      |        |        |
|      |        |        |
|      |        |        |
|      |        |        |
|      |        |        |
|      |        |        |
|      |        |        |
|      |        |        |
|      |        |        |
|      |        |        |
|      |        |        |
|      |        |        |
|      |        |        |
|      |        |        |
|      |        |        |
|      |        |        |
|      |        |        |
|      |        |        |
|      |        |        |
|      |        |        |
|      |        |        |
|      |        |        |
|      |        |        |

# Monthly *Expenses*

**MONTH:**                  **YEAR:**

| DATE | DESCRIPTION | INVOICE | AMOUNT |
|------|-------------|---------|--------|
|      |             |         |        |
|      |             |         |        |
|      |             |         |        |
|      |             |         |        |
|      |             |         |        |
|      |             |         |        |
|      |             |         |        |
|      |             |         |        |
|      |             |         |        |
|      |             |         |        |
|      |             |         |        |
|      |             |         |        |
|      |             |         |        |
|      |             |         |        |
|      |             |         |        |
|      |             |         |        |
|      |             |         |        |
|      |             |         |        |
|      |             |         |        |
|      |             |         |        |
|      |             |         |        |
|      |             |         |        |
|      |             |         |        |
|      |             |         |        |

# Tax *Deductions*

MONTH:  YEAR:

| DATE | DESCRIPTION | AMOUNT | NOTES |
|------|-------------|--------|-------|
|      |             |        |       |
|      |             |        |       |
|      |             |        |       |
|      |             |        |       |
|      |             |        |       |
|      |             |        |       |
|      |             |        |       |
|      |             |        |       |
|      |             |        |       |
|      |             |        |       |
|      |             |        |       |
|      |             |        |       |
|      |             |        |       |
|      |             |        |       |
|      |             |        |       |
|      |             |        |       |
|      |             |        |       |
|      |             |        |       |
|      |             |        |       |
|      |             |        |       |
|      |             |        |       |
|      |             |        |       |
|      |             |        |       |
|      |             |        |       |
|      |             |        |       |
|      |             |        |       |

# Marketing *Planner*

**MONTH:**

**START:**  **END:**

**RESOURCES**

## ADVERTISING BREAKDOWN & OVERVIEW

**COMPAIGN:** _____  **BUDGET:** _____

**AUDIENCE:** _____  **COST:** _____

**REACH:** _____  **LEADS:** _____

**TRAFFIC:** _____  **RE-BOOK:** _____

## IMPORTANT NOTES

# Mileage *Tracker*

**MONTH:**                      **YEAR:**

| DATE | TO | FROM | PURPOSE | TOTAL DISTANCE |
|---|---|---|---|---|
|  |  |  |  |  |
|  |  |  |  |  |
|  |  |  |  |  |
|  |  |  |  |  |
|  |  |  |  |  |
|  |  |  |  |  |
|  |  |  |  |  |
|  |  |  |  |  |
|  |  |  |  |  |
|  |  |  |  |  |
|  |  |  |  |  |
|  |  |  |  |  |
|  |  |  |  |  |
|  |  |  |  |  |
|  |  |  |  |  |
|  |  |  |  |  |
|  |  |  |  |  |
|  |  |  |  |  |
|  |  |  |  |  |
|  |  |  |  |  |
|  |  |  |  |  |
|  |  |  |  |  |
|  |  |  |  |  |
|  |  |  |  |  |
|  |  |  |  |  |

# Monthly Notes

# MONTHLY *Goals*

MONTH: _____     YEAR: _____

**MAIN OBJECTIVE:** _____
_____

| GOAL #1 | GOAL #2 | GOAL #3 |
|---|---|---|
|  |  |  |

## STEPS TO ACHIEVE MY GOALS

- ○ _____
- ○ _____
- ○ _____
- ○ _____
- ○ _____
- ○ _____
- ○ _____
- ○ _____
- ○ _____
- ○ _____
- ○ _____
- ○ _____

## NOTES

_____
_____
_____
_____
_____
_____
_____

# Monthly Budget

**MONTH:**　　　　　　　　**YEAR:**

| SOURCE OF INCOME | PROJECTED | ACTUAL | DIFFERENCE (+/-) |
|---|---|---|---|
|  |  |  |  |
|  |  |  |  |
|  |  |  |  |
|  |  |  |  |
|  |  |  |  |
|  |  |  |  |
|  |  |  |  |
|  |  |  |  |
|  |  |  |  |
|  |  |  |  |
|  |  |  |  |

| EXPENSE | PROJECTED | ACTUAL | DIFFERENCE (+/-) |
|---|---|---|---|
|  |  |  |  |
|  |  |  |  |
|  |  |  |  |
|  |  |  |  |
|  |  |  |  |
|  |  |  |  |
|  |  |  |  |
|  |  |  |  |
|  |  |  |  |
|  |  |  |  |
|  |  |  |  |
|  |  |  |  |

# Monthly *Income*

**MONTH:**　　　　　　　　**YEAR:**

| DATE | SOURCE | INCOME |
|------|--------|--------|
|      |        |        |
|      |        |        |
|      |        |        |
|      |        |        |
|      |        |        |
|      |        |        |
|      |        |        |
|      |        |        |
|      |        |        |
|      |        |        |
|      |        |        |
|      |        |        |
|      |        |        |
|      |        |        |
|      |        |        |
|      |        |        |
|      |        |        |
|      |        |        |
|      |        |        |
|      |        |        |
|      |        |        |
|      |        |        |
|      |        |        |
|      |        |        |
|      |        |        |

# Monthly *Expenses*

MONTH:  YEAR:

| DATE | DESCRIPTION | INVOICE | AMOUNT |
|------|-------------|---------|--------|
|      |             |         |        |
|      |             |         |        |
|      |             |         |        |
|      |             |         |        |
|      |             |         |        |
|      |             |         |        |
|      |             |         |        |
|      |             |         |        |
|      |             |         |        |
|      |             |         |        |
|      |             |         |        |
|      |             |         |        |
|      |             |         |        |
|      |             |         |        |
|      |             |         |        |
|      |             |         |        |
|      |             |         |        |
|      |             |         |        |
|      |             |         |        |
|      |             |         |        |
|      |             |         |        |
|      |             |         |        |
|      |             |         |        |
|      |             |         |        |
|      |             |         |        |

# Tax *Deductions*

MONTH:  YEAR:

| DATE | DESCRIPTION | AMOUNT | NOTES |
|------|-------------|--------|-------|
|      |             |        |       |
|      |             |        |       |
|      |             |        |       |
|      |             |        |       |
|      |             |        |       |
|      |             |        |       |
|      |             |        |       |
|      |             |        |       |
|      |             |        |       |
|      |             |        |       |
|      |             |        |       |
|      |             |        |       |
|      |             |        |       |
|      |             |        |       |
|      |             |        |       |
|      |             |        |       |
|      |             |        |       |
|      |             |        |       |
|      |             |        |       |
|      |             |        |       |
|      |             |        |       |
|      |             |        |       |
|      |             |        |       |
|      |             |        |       |
|      |             |        |       |

# Marketing *Planner*

**MONTH:**

**START:**  **END:**

**RESOURCES**

## ADVERTISING BREAKDOWN & OVERVIEW

**COMPAIGN:** _____  **BUDGET:** _____

**AUDIENCE:** _____  **COST:** _____

**REACH:** _____  **LEADS:** _____

**TRAFFIC:** _____  **RE-BOOK:** _____

## IMPORTANT NOTES

# Mileage Tracker

MONTH:                          YEAR:

| DATE | TO | FROM | PURPOSE | TOTAL DISTANCE |
|------|----|----|---------|----------------|
|      |    |    |         |                |
|      |    |    |         |                |
|      |    |    |         |                |
|      |    |    |         |                |
|      |    |    |         |                |
|      |    |    |         |                |
|      |    |    |         |                |
|      |    |    |         |                |
|      |    |    |         |                |
|      |    |    |         |                |
|      |    |    |         |                |
|      |    |    |         |                |
|      |    |    |         |                |
|      |    |    |         |                |
|      |    |    |         |                |
|      |    |    |         |                |
|      |    |    |         |                |
|      |    |    |         |                |
|      |    |    |         |                |
|      |    |    |         |                |
|      |    |    |         |                |
|      |    |    |         |                |
|      |    |    |         |                |
|      |    |    |         |                |
|      |    |    |         |                |

# Monthly Notes

# MONTHLY *Goals*

MONTH: _____     YEAR: _____

**MAIN OBJECTIVE:** _____
_____

| GOAL #1 | GOAL #2 | GOAL #3 |
|---------|---------|---------|
|         |         |         |

## STEPS TO ACHIEVE MY GOALS

- ○ _____
- ○ _____
- ○ _____
- ○ _____
- ○ _____
- ○ _____

- ○ _____
- ○ _____
- ○ _____
- ○ _____
- ○ _____
- ○ _____

## NOTES

_____
_____
_____
_____
_____
_____
_____

# Monthly Budget

**MONTH:**                **YEAR:**

| SOURCE OF INCOME | PROJECTED | ACTUAL | DIFFERENCE (+/-) |
|---|---|---|---|
| | | | |
| | | | |
| | | | |
| | | | |
| | | | |
| | | | |
| | | | |
| | | | |
| | | | |
| | | | |
| | | | |

| EXPENSE | PROJECTED | ACTUAL | DIFFERENCE (+/-) |
|---|---|---|---|
| | | | |
| | | | |
| | | | |
| | | | |
| | | | |
| | | | |
| | | | |
| | | | |
| | | | |
| | | | |
| | | | |
| | | | |

# Monthly *Income*

**MONTH:**　　　　　　　　**YEAR:**

| DATE | SOURCE | INCOME |
|---|---|---|
|  |  |  |
|  |  |  |
|  |  |  |
|  |  |  |
|  |  |  |
|  |  |  |
|  |  |  |
|  |  |  |
|  |  |  |
|  |  |  |
|  |  |  |
|  |  |  |
|  |  |  |
|  |  |  |
|  |  |  |
|  |  |  |
|  |  |  |
|  |  |  |
|  |  |  |
|  |  |  |
|  |  |  |
|  |  |  |
|  |  |  |
|  |  |  |
|  |  |  |

# Monthly Expenses

**MONTH:**  **YEAR:**

| DATE | DESCRIPTION | INVOICE | AMOUNT |
|------|-------------|---------|--------|
|      |             |         |        |
|      |             |         |        |
|      |             |         |        |
|      |             |         |        |
|      |             |         |        |
|      |             |         |        |
|      |             |         |        |
|      |             |         |        |
|      |             |         |        |
|      |             |         |        |
|      |             |         |        |
|      |             |         |        |
|      |             |         |        |
|      |             |         |        |
|      |             |         |        |
|      |             |         |        |
|      |             |         |        |
|      |             |         |        |
|      |             |         |        |
|      |             |         |        |
|      |             |         |        |
|      |             |         |        |
|      |             |         |        |
|      |             |         |        |
|      |             |         |        |

# Tax *Deductions*

**MONTH:**                          **YEAR:**

| DATE | DESCRIPTION | AMOUNT | NOTES |
|---|---|---|---|
|  |  |  |  |
|  |  |  |  |
|  |  |  |  |
|  |  |  |  |
|  |  |  |  |
|  |  |  |  |
|  |  |  |  |
|  |  |  |  |
|  |  |  |  |
|  |  |  |  |
|  |  |  |  |
|  |  |  |  |
|  |  |  |  |
|  |  |  |  |
|  |  |  |  |
|  |  |  |  |
|  |  |  |  |
|  |  |  |  |
|  |  |  |  |
|  |  |  |  |
|  |  |  |  |
|  |  |  |  |
|  |  |  |  |
|  |  |  |  |
|  |  |  |  |

# Marketing *Planner*

| MONTH: | | RESOURCES |
|---|---|---|
| START: | END: | |

## ADVERTISING BREAKDOWN & OVERVIEW

**COMPAIGN:** _____  **BUDGET:** _____

**AUDIENCE:** _____  **COST:** _____

**REACH:** _____  **LEADS:** _____

**TRAFFIC:** _____  **RE-BOOK:** _____

## IMPORTANT NOTES

# Mileage Tracker

MONTH: YEAR:

| DATE | TO | FROM | PURPOSE | TOTAL DISTANCE |
|---|---|---|---|---|
| | | | | |
| | | | | |
| | | | | |
| | | | | |
| | | | | |
| | | | | |
| | | | | |
| | | | | |
| | | | | |
| | | | | |
| | | | | |
| | | | | |
| | | | | |
| | | | | |
| | | | | |
| | | | | |
| | | | | |
| | | | | |
| | | | | |
| | | | | |
| | | | | |
| | | | | |
| | | | | |
| | | | | |
| | | | | |

# Monthly Notes

# MONTHLY *Goals*

**MONTH:** _____  **YEAR:** _____

**MAIN OBJECTIVE:** _____
_____

| GOAL #1 | GOAL #2 | GOAL #3 |
|---|---|---|
|  |  |  |

## STEPS TO ACHIEVE MY GOALS

- ○ _____
- ○ _____
- ○ _____
- ○ _____
- ○ _____
- ○ _____

- ○ _____
- ○ _____
- ○ _____
- ○ _____
- ○ _____
- ○ _____

## NOTES

_____
_____
_____
_____
_____
_____
_____

# Monthly Budget

**MONTH:**            **YEAR:**

| SOURCE OF INCOME | PROJECTED | ACTUAL | DIFFERENCE (+/-) |
|---|---|---|---|
| | | | |
| | | | |
| | | | |
| | | | |
| | | | |
| | | | |
| | | | |
| | | | |
| | | | |
| | | | |
| | | | |

| EXPENSE | PROJECTED | ACTUAL | DIFFERENCE (+/-) |
|---|---|---|---|
| | | | |
| | | | |
| | | | |
| | | | |
| | | | |
| | | | |
| | | | |
| | | | |
| | | | |
| | | | |
| | | | |
| | | | |

# Monthly *Income*

MONTH:                     YEAR:

| DATE | SOURCE | INCOME |
|---|---|---|
|  |  |  |
|  |  |  |
|  |  |  |
|  |  |  |
|  |  |  |
|  |  |  |
|  |  |  |
|  |  |  |
|  |  |  |
|  |  |  |
|  |  |  |
|  |  |  |
|  |  |  |
|  |  |  |
|  |  |  |
|  |  |  |
|  |  |  |
|  |  |  |
|  |  |  |
|  |  |  |
|  |  |  |
|  |  |  |
|  |  |  |
|  |  |  |

# Monthly Expenses

MONTH:                  YEAR:

| DATE | DESCRIPTION | INVOICE | AMOUNT |
|------|-------------|---------|--------|
|      |             |         |        |
|      |             |         |        |
|      |             |         |        |
|      |             |         |        |
|      |             |         |        |
|      |             |         |        |
|      |             |         |        |
|      |             |         |        |
|      |             |         |        |
|      |             |         |        |
|      |             |         |        |
|      |             |         |        |
|      |             |         |        |
|      |             |         |        |
|      |             |         |        |
|      |             |         |        |
|      |             |         |        |
|      |             |         |        |
|      |             |         |        |
|      |             |         |        |
|      |             |         |        |
|      |             |         |        |
|      |             |         |        |
|      |             |         |        |

# Tax *Deductions*

**MONTH:**  **YEAR:**

| DATE | DESCRIPTION | AMOUNT | NOTES |
|------|-------------|--------|-------|
|      |             |        |       |
|      |             |        |       |
|      |             |        |       |
|      |             |        |       |
|      |             |        |       |
|      |             |        |       |
|      |             |        |       |
|      |             |        |       |
|      |             |        |       |
|      |             |        |       |
|      |             |        |       |
|      |             |        |       |
|      |             |        |       |
|      |             |        |       |
|      |             |        |       |
|      |             |        |       |
|      |             |        |       |
|      |             |        |       |
|      |             |        |       |
|      |             |        |       |
|      |             |        |       |
|      |             |        |       |
|      |             |        |       |
|      |             |        |       |
|      |             |        |       |

# Marketing *Planner*

| MONTH: | RESOURCES |
|---|---|
| START:            END: | |

## ADVERTISING BREAKDOWN & OVERVIEW

COMPAIGN: _____   BUDGET: _____

AUDIENCE: _____   COST: _____

REACH: _____   LEADS: _____

TRAFFIC: _____   RE-BOOK: _____

## IMPORTANT NOTES

# Mileage Tracker

MONTH:                  YEAR:

| DATE | TO | FROM | PURPOSE | TOTAL DISTANCE |
|------|----|----|---------|----------------|
|      |    |      |         |                |
|      |    |      |         |                |
|      |    |      |         |                |
|      |    |      |         |                |
|      |    |      |         |                |
|      |    |      |         |                |
|      |    |      |         |                |
|      |    |      |         |                |
|      |    |      |         |                |
|      |    |      |         |                |
|      |    |      |         |                |
|      |    |      |         |                |
|      |    |      |         |                |
|      |    |      |         |                |
|      |    |      |         |                |
|      |    |      |         |                |
|      |    |      |         |                |
|      |    |      |         |                |
|      |    |      |         |                |
|      |    |      |         |                |
|      |    |      |         |                |
|      |    |      |         |                |
|      |    |      |         |                |
|      |    |      |         |                |
|      |    |      |         |                |

# Monthly Notes

# MONTHLY *Goals*

**MONTH:**　　　　　　　　　**YEAR:**

**MAIN OBJECTIVE:** _____
_____

| GOAL #1 | GOAL #2 | GOAL #3 |
|---------|---------|---------|
|         |         |         |

## STEPS TO ACHIEVE MY GOALS

- ○ _____　　　○ _____
- ○ _____　　　○ _____
- ○ _____　　　○ _____
- ○ _____　　　○ _____
- ○ _____　　　○ _____
- ○ _____

## NOTES

_____
_____
_____
_____
_____
_____
_____

# Monthly Budget

**MONTH:**                          **YEAR:**

| SOURCE OF INCOME | PROJECTED | ACTUAL | DIFFERENCE (+/-) |
|---|---|---|---|
|  |  |  |  |
|  |  |  |  |
|  |  |  |  |
|  |  |  |  |
|  |  |  |  |
|  |  |  |  |
|  |  |  |  |
|  |  |  |  |
|  |  |  |  |
|  |  |  |  |

| EXPENSE | PROJECTED | ACTUAL | DIFFERENCE (+/-) |
|---|---|---|---|
|  |  |  |  |
|  |  |  |  |
|  |  |  |  |
|  |  |  |  |
|  |  |  |  |
|  |  |  |  |
|  |  |  |  |
|  |  |  |  |
|  |  |  |  |
|  |  |  |  |
|  |  |  |  |

# Monthly *Income*

**MONTH:**  **YEAR:**

| DATE | SOURCE | INCOME |
|------|--------|--------|
|      |        |        |
|      |        |        |
|      |        |        |
|      |        |        |
|      |        |        |
|      |        |        |
|      |        |        |
|      |        |        |
|      |        |        |
|      |        |        |
|      |        |        |
|      |        |        |
|      |        |        |
|      |        |        |
|      |        |        |
|      |        |        |
|      |        |        |
|      |        |        |
|      |        |        |
|      |        |        |
|      |        |        |
|      |        |        |
|      |        |        |
|      |        |        |
|      |        |        |

# Monthly *Expenses*

**MONTH:**  **YEAR:**

| DATE | DESCRIPTION | INVOICE | AMOUNT |
|------|-------------|---------|--------|
|      |             |         |        |
|      |             |         |        |
|      |             |         |        |
|      |             |         |        |
|      |             |         |        |
|      |             |         |        |
|      |             |         |        |
|      |             |         |        |
|      |             |         |        |
|      |             |         |        |
|      |             |         |        |
|      |             |         |        |
|      |             |         |        |
|      |             |         |        |
|      |             |         |        |
|      |             |         |        |
|      |             |         |        |
|      |             |         |        |
|      |             |         |        |
|      |             |         |        |
|      |             |         |        |
|      |             |         |        |
|      |             |         |        |
|      |             |         |        |

# Tax Deductions

MONTH:                      YEAR:

| DATE | DESCRIPTION | AMOUNT | NOTES |
|------|-------------|--------|-------|
|      |             |        |       |
|      |             |        |       |
|      |             |        |       |
|      |             |        |       |
|      |             |        |       |
|      |             |        |       |
|      |             |        |       |
|      |             |        |       |
|      |             |        |       |
|      |             |        |       |
|      |             |        |       |
|      |             |        |       |
|      |             |        |       |
|      |             |        |       |
|      |             |        |       |
|      |             |        |       |
|      |             |        |       |
|      |             |        |       |
|      |             |        |       |
|      |             |        |       |
|      |             |        |       |
|      |             |        |       |
|      |             |        |       |
|      |             |        |       |

# Marketing *Planner*

**MONTH:**
**START:**　　　　　**END:**

**RESOURCES**

## ADVERTISING BREAKDOWN & OVERVIEW

**COMPAIGN:** _____  **BUDGET:** _____

**AUDIENCE:** _____  **COST:** _____

**REACH:** _____  **LEADS:** _____

**TRAFFIC:** _____  **RE-BOOK:** _____

## IMPORTANT NOTES

# Mileage *Tracker*

MONTH:                YEAR:

| DATE | TO | FROM | PURPOSE | TOTAL DISTANCE |
|------|----|------|---------|----------------|
|      |    |      |         |                |
|      |    |      |         |                |
|      |    |      |         |                |
|      |    |      |         |                |
|      |    |      |         |                |
|      |    |      |         |                |
|      |    |      |         |                |
|      |    |      |         |                |
|      |    |      |         |                |
|      |    |      |         |                |
|      |    |      |         |                |
|      |    |      |         |                |
|      |    |      |         |                |
|      |    |      |         |                |
|      |    |      |         |                |
|      |    |      |         |                |
|      |    |      |         |                |
|      |    |      |         |                |
|      |    |      |         |                |
|      |    |      |         |                |
|      |    |      |         |                |
|      |    |      |         |                |
|      |    |      |         |                |
|      |    |      |         |                |

# Monthly Notes

# MONTHLY *Goals*

**MONTH:**                        **YEAR:**

**MAIN OBJECTIVE:** _____
_____

| GOAL #1 | GOAL #2 | GOAL #3 |
|---------|---------|---------|
|         |         |         |

## STEPS TO ACHIEVE MY GOALS

- ○ _____
- ○ _____
- ○ _____
- ○ _____
- ○ _____
- ○ _____
- ○ _____
- ○ _____
- ○ _____
- ○ _____
- ○ _____
- ○ _____

## NOTES

_____
_____
_____
_____
_____
_____
_____

# Monthly Budget

**MONTH:**  **YEAR:**

| SOURCE OF INCOME | PROJECTED | ACTUAL | DIFFERENCE (+/-) |
|---|---|---|---|
|  |  |  |  |
|  |  |  |  |
|  |  |  |  |
|  |  |  |  |
|  |  |  |  |
|  |  |  |  |
|  |  |  |  |
|  |  |  |  |
|  |  |  |  |
|  |  |  |  |
|  |  |  |  |

| EXPENSE | PROJECTED | ACTUAL | DIFFERENCE (+/-) |
|---|---|---|---|
|  |  |  |  |
|  |  |  |  |
|  |  |  |  |
|  |  |  |  |
|  |  |  |  |
|  |  |  |  |
|  |  |  |  |
|  |  |  |  |
|  |  |  |  |
|  |  |  |  |
|  |  |  |  |

# Monthly *Income*

**MONTH:**  **YEAR:**

| DATE | SOURCE | INCOME |
|------|--------|--------|
|      |        |        |
|      |        |        |
|      |        |        |
|      |        |        |
|      |        |        |
|      |        |        |
|      |        |        |
|      |        |        |
|      |        |        |
|      |        |        |
|      |        |        |
|      |        |        |
|      |        |        |
|      |        |        |
|      |        |        |
|      |        |        |
|      |        |        |
|      |        |        |
|      |        |        |
|      |        |        |
|      |        |        |
|      |        |        |
|      |        |        |
|      |        |        |
|      |        |        |

# Monthly *Expenses*

MONTH:                      YEAR:

| DATE | DESCRIPTION | INVOICE | AMOUNT |
|------|-------------|---------|--------|
|      |             |         |        |
|      |             |         |        |
|      |             |         |        |
|      |             |         |        |
|      |             |         |        |
|      |             |         |        |
|      |             |         |        |
|      |             |         |        |
|      |             |         |        |
|      |             |         |        |
|      |             |         |        |
|      |             |         |        |
|      |             |         |        |
|      |             |         |        |
|      |             |         |        |
|      |             |         |        |
|      |             |         |        |
|      |             |         |        |
|      |             |         |        |
|      |             |         |        |
|      |             |         |        |
|      |             |         |        |
|      |             |         |        |
|      |             |         |        |
|      |             |         |        |

# Tax Deductions

MONTH: YEAR:

| DATE | DESCRIPTION | AMOUNT | NOTES |
|------|-------------|--------|-------|
|      |             |        |       |
|      |             |        |       |
|      |             |        |       |
|      |             |        |       |
|      |             |        |       |
|      |             |        |       |
|      |             |        |       |
|      |             |        |       |
|      |             |        |       |
|      |             |        |       |
|      |             |        |       |
|      |             |        |       |
|      |             |        |       |
|      |             |        |       |
|      |             |        |       |
|      |             |        |       |
|      |             |        |       |
|      |             |        |       |
|      |             |        |       |
|      |             |        |       |
|      |             |        |       |
|      |             |        |       |
|      |             |        |       |
|      |             |        |       |

# Marketing *Planner*

**MONTH:**

**START:** **END:**

**RESOURCES**

## ADVERTISING BREAKDOWN & OVERVIEW

**COMPAIGN:** _____  **BUDGET:** _____

**AUDIENCE:** _____  **COST:** _____

**REACH:** _____  **LEADS:** _____

**TRAFFIC:** _____  **RE-BOOK:** _____

## IMPORTANT NOTES

# Mileage Tracker

**MONTH:**              **YEAR:**

| DATE | TO | FROM | PURPOSE | TOTAL DISTANCE |
|------|----|----|---------|----------------|
|      |    |    |         |                |
|      |    |    |         |                |
|      |    |    |         |                |
|      |    |    |         |                |
|      |    |    |         |                |
|      |    |    |         |                |
|      |    |    |         |                |
|      |    |    |         |                |
|      |    |    |         |                |
|      |    |    |         |                |
|      |    |    |         |                |
|      |    |    |         |                |
|      |    |    |         |                |
|      |    |    |         |                |
|      |    |    |         |                |
|      |    |    |         |                |
|      |    |    |         |                |
|      |    |    |         |                |
|      |    |    |         |                |
|      |    |    |         |                |
|      |    |    |         |                |
|      |    |    |         |                |
|      |    |    |         |                |
|      |    |    |         |                |
|      |    |    |         |                |

# Monthly Notes

# MONTHLY *Goals*

**MONTH:** _____  **YEAR:** _____

**MAIN OBJECTIVE:** _____
_____

| GOAL #1 | GOAL #2 | GOAL #3 |
|---------|---------|---------|
|         |         |         |

## STEPS TO ACHIEVE MY GOALS

- ○ _____
- ○ _____
- ○ _____
- ○ _____
- ○ _____
- ○ _____

- ○ _____
- ○ _____
- ○ _____
- ○ _____
- ○ _____
- ○ _____

## NOTES

_____
_____
_____
_____
_____
_____
_____

# Monthly Budget

**MONTH:** **YEAR:**

| SOURCE OF INCOME | PROJECTED | ACTUAL | DIFFERENCE (+/-) |
|---|---|---|---|
| | | | |
| | | | |
| | | | |
| | | | |
| | | | |
| | | | |
| | | | |
| | | | |
| | | | |
| | | | |
| | | | |

| EXPENSE | PROJECTED | ACTUAL | DIFFERENCE (+/-) |
|---|---|---|---|
| | | | |
| | | | |
| | | | |
| | | | |
| | | | |
| | | | |
| | | | |
| | | | |
| | | | |
| | | | |
| | | | |

# Monthly *Income*

**MONTH:**          **YEAR:**

| DATE | SOURCE | INCOME |
|---|---|---|
| | | |
| | | |
| | | |
| | | |
| | | |
| | | |
| | | |
| | | |
| | | |
| | | |
| | | |
| | | |
| | | |
| | | |
| | | |
| | | |
| | | |
| | | |
| | | |
| | | |
| | | |
| | | |
| | | |
| | | |
| | | |

# Monthly *Expenses*

MONTH: _____    YEAR: _____

| DATE | DESCRIPTION | INVOICE | AMOUNT |
|------|-------------|---------|--------|
|      |             |         |        |
|      |             |         |        |
|      |             |         |        |
|      |             |         |        |
|      |             |         |        |
|      |             |         |        |
|      |             |         |        |
|      |             |         |        |
|      |             |         |        |
|      |             |         |        |
|      |             |         |        |
|      |             |         |        |
|      |             |         |        |
|      |             |         |        |
|      |             |         |        |
|      |             |         |        |
|      |             |         |        |
|      |             |         |        |
|      |             |         |        |
|      |             |         |        |
|      |             |         |        |
|      |             |         |        |
|      |             |         |        |

# Tax *Deductions*

**MONTH:**　　　　　　　　　**YEAR:**

| DATE | DESCRIPTION | AMOUNT | NOTES |
|---|---|---|---|
| | | | |
| | | | |
| | | | |
| | | | |
| | | | |
| | | | |
| | | | |
| | | | |
| | | | |
| | | | |
| | | | |
| | | | |
| | | | |
| | | | |
| | | | |
| | | | |
| | | | |
| | | | |
| | | | |
| | | | |
| | | | |
| | | | |
| | | | |
| | | | |
| | | | |

# Marketing *Planner*

**MONTH:**

**START:** **END:**

**RESOURCES**

## ADVERTISING BREAKDOWN & OVERVIEW

**COMPAIGN:** _____  **BUDGET:** _____

**AUDIENCE:** _____  **COST:** _____

**REACH:** _____  **LEADS:** _____

**TRAFFIC:** _____  **RE-BOOK:** _____

## IMPORTANT NOTES

# Mileage Tracker

**MONTH:**                **YEAR:**

| DATE | TO | FROM | PURPOSE | TOTAL DISTANCE |
|---|---|---|---|---|
| | | | | |
| | | | | |
| | | | | |
| | | | | |
| | | | | |
| | | | | |
| | | | | |
| | | | | |
| | | | | |
| | | | | |
| | | | | |
| | | | | |
| | | | | |
| | | | | |
| | | | | |
| | | | | |
| | | | | |
| | | | | |
| | | | | |
| | | | | |
| | | | | |
| | | | | |
| | | | | |
| | | | | |
| | | | | |

# Monthly *Notes*

# MONTHLY *Goals*

MONTH: _____   YEAR: _____

**MAIN OBJECTIVE:** _____
_____

| GOAL #1 | GOAL #2 | GOAL #3 |
|---------|---------|---------|
|         |         |         |

## STEPS TO ACHIEVE MY GOALS

- ○ _____
- ○ _____
- ○ _____
- ○ _____
- ○ _____
- ○ _____

- ○ _____
- ○ _____
- ○ _____
- ○ _____
- ○ _____

## NOTES

_____
_____
_____
_____
_____
_____
_____

# Monthly *Budget*

**MONTH:**                      **YEAR:**

| SOURCE OF INCOME | PROJECTED | ACTUAL | DIFFERENCE (+/-) |
|---|---|---|---|
|  |  |  |  |
|  |  |  |  |
|  |  |  |  |
|  |  |  |  |
|  |  |  |  |
|  |  |  |  |
|  |  |  |  |
|  |  |  |  |
|  |  |  |  |
|  |  |  |  |
|  |  |  |  |

| EXPENSE | PROJECTED | ACTUAL | DIFFERENCE (+/-) |
|---|---|---|---|
|  |  |  |  |
|  |  |  |  |
|  |  |  |  |
|  |  |  |  |
|  |  |  |  |
|  |  |  |  |
|  |  |  |  |
|  |  |  |  |
|  |  |  |  |
|  |  |  |  |
|  |  |  |  |
|  |  |  |  |
|  |  |  |  |

# Monthly *Income*

**MONTH:**          **YEAR:**

| DATE | SOURCE | INCOME |
|------|--------|--------|
|      |        |        |
|      |        |        |
|      |        |        |
|      |        |        |
|      |        |        |
|      |        |        |
|      |        |        |
|      |        |        |
|      |        |        |
|      |        |        |
|      |        |        |
|      |        |        |
|      |        |        |
|      |        |        |
|      |        |        |
|      |        |        |
|      |        |        |
|      |        |        |
|      |        |        |
|      |        |        |
|      |        |        |
|      |        |        |
|      |        |        |
|      |        |        |

# Monthly Expenses

**MONTH:**             **YEAR:**

| DATE | DESCRIPTION | INVOICE | AMOUNT |
|---|---|---|---|
|  |  |  |  |
|  |  |  |  |
|  |  |  |  |
|  |  |  |  |
|  |  |  |  |
|  |  |  |  |
|  |  |  |  |
|  |  |  |  |
|  |  |  |  |
|  |  |  |  |
|  |  |  |  |
|  |  |  |  |
|  |  |  |  |
|  |  |  |  |
|  |  |  |  |
|  |  |  |  |
|  |  |  |  |
|  |  |  |  |
|  |  |  |  |
|  |  |  |  |
|  |  |  |  |
|  |  |  |  |
|  |  |  |  |
|  |  |  |  |
|  |  |  |  |
|  |  |  |  |

# Tax *Deductions*

**MONTH:**  **YEAR:**

| DATE | DESCRIPTION | AMOUNT | NOTES |
|------|-------------|--------|-------|
|      |             |        |       |
|      |             |        |       |
|      |             |        |       |
|      |             |        |       |
|      |             |        |       |
|      |             |        |       |
|      |             |        |       |
|      |             |        |       |
|      |             |        |       |
|      |             |        |       |
|      |             |        |       |
|      |             |        |       |
|      |             |        |       |
|      |             |        |       |
|      |             |        |       |
|      |             |        |       |
|      |             |        |       |
|      |             |        |       |
|      |             |        |       |
|      |             |        |       |
|      |             |        |       |
|      |             |        |       |
|      |             |        |       |
|      |             |        |       |

# Marketing *Planner*

**MONTH:**

**START:** **END:**

**RESOURCES**

## ADVERTISING BREAKDOWN & OVERVIEW

**COMPAIGN:** _____  **BUDGET:** _____

**AUDIENCE:** _____  **COST:** _____

**REACH:** _____  **LEADS:** _____

**TRAFFIC:** _____  **RE-BOOK:** _____

## IMPORTANT NOTES

# Mileage Tracker

**MONTH:**             **YEAR:**

| DATE | TO | FROM | PURPOSE | TOTAL DISTANCE |
|------|----|----|---------|----------------|
|      |    |      |         |                |
|      |    |      |         |                |
|      |    |      |         |                |
|      |    |      |         |                |
|      |    |      |         |                |
|      |    |      |         |                |
|      |    |      |         |                |
|      |    |      |         |                |
|      |    |      |         |                |
|      |    |      |         |                |
|      |    |      |         |                |
|      |    |      |         |                |
|      |    |      |         |                |
|      |    |      |         |                |
|      |    |      |         |                |
|      |    |      |         |                |
|      |    |      |         |                |
|      |    |      |         |                |
|      |    |      |         |                |
|      |    |      |         |                |
|      |    |      |         |                |
|      |    |      |         |                |
|      |    |      |         |                |
|      |    |      |         |                |
|      |    |      |         |                |

# Monthly Notes

# MONTHLY *Goals*

**MONTH:** _____  **YEAR:** _____

**MAIN OBJECTIVE:** _____
_____

| GOAL #1 | GOAL #2 | GOAL #3 |
|---------|---------|---------|
|         |         |         |

## STEPS TO ACHIEVE MY GOALS

- ○ _____
- ○ _____
- ○ _____
- ○ _____
- ○ _____
- ○ _____

- ○ _____
- ○ _____
- ○ _____
- ○ _____
- ○ _____
- ○ _____

## NOTES

_____
_____
_____
_____
_____
_____
_____
_____

# Monthly Budget

**MONTH:**  **YEAR:**

| SOURCE OF INCOME | PROJECTED | ACTUAL | DIFFERENCE (+/-) |
|---|---|---|---|
| | | | |
| | | | |
| | | | |
| | | | |
| | | | |
| | | | |
| | | | |
| | | | |
| | | | |
| | | | |
| | | | |

| EXPENSE | PROJECTED | ACTUAL | DIFFERENCE (+/-) |
|---|---|---|---|
| | | | |
| | | | |
| | | | |
| | | | |
| | | | |
| | | | |
| | | | |
| | | | |
| | | | |
| | | | |
| | | | |

# Monthly Income

MONTH:                      YEAR:

| DATE | SOURCE | INCOME |
|---|---|---|
|  |  |  |
|  |  |  |
|  |  |  |
|  |  |  |
|  |  |  |
|  |  |  |
|  |  |  |
|  |  |  |
|  |  |  |
|  |  |  |
|  |  |  |
|  |  |  |
|  |  |  |
|  |  |  |
|  |  |  |
|  |  |  |
|  |  |  |
|  |  |  |
|  |  |  |
|  |  |  |
|  |  |  |
|  |  |  |
|  |  |  |
|  |  |  |

# Monthly Expenses

**MONTH:** **YEAR:**

| DATE | DESCRIPTION | INVOICE | AMOUNT |
|------|-------------|---------|--------|
|      |             |         |        |
|      |             |         |        |
|      |             |         |        |
|      |             |         |        |
|      |             |         |        |
|      |             |         |        |
|      |             |         |        |
|      |             |         |        |
|      |             |         |        |
|      |             |         |        |
|      |             |         |        |
|      |             |         |        |
|      |             |         |        |
|      |             |         |        |
|      |             |         |        |
|      |             |         |        |
|      |             |         |        |
|      |             |         |        |
|      |             |         |        |
|      |             |         |        |
|      |             |         |        |
|      |             |         |        |
|      |             |         |        |
|      |             |         |        |
|      |             |         |        |

# Tax *Deductions*

MONTH:                YEAR:

| DATE | DESCRIPTION | AMOUNT | NOTES |
|---|---|---|---|
| | | | |
| | | | |
| | | | |
| | | | |
| | | | |
| | | | |
| | | | |
| | | | |
| | | | |
| | | | |
| | | | |
| | | | |
| | | | |
| | | | |
| | | | |
| | | | |
| | | | |
| | | | |
| | | | |
| | | | |
| | | | |
| | | | |
| | | | |
| | | | |

# Marketing *Planner*

**MONTH:**

**START:**  **END:**

**RESOURCES**

## ADVERTISING BREAKDOWN & OVERVIEW

**COMPAIGN:** _____  **BUDGET:** _____

**AUDIENCE:** _____  **COST:** _____

**REACH:** _____  **LEADS:** _____

**TRAFFIC:** _____  **RE-BOOK:** _____

## IMPORTANT NOTES

# Mileage *Tracker*

MONTH:  YEAR:

| DATE | TO | FROM | PURPOSE | TOTAL DISTANCE |
|------|-----|------|---------|----------------|
|      |    |      |         |                |
|      |    |      |         |                |
|      |    |      |         |                |
|      |    |      |         |                |
|      |    |      |         |                |
|      |    |      |         |                |
|      |    |      |         |                |
|      |    |      |         |                |
|      |    |      |         |                |
|      |    |      |         |                |
|      |    |      |         |                |
|      |    |      |         |                |
|      |    |      |         |                |
|      |    |      |         |                |
|      |    |      |         |                |
|      |    |      |         |                |
|      |    |      |         |                |
|      |    |      |         |                |
|      |    |      |         |                |
|      |    |      |         |                |
|      |    |      |         |                |
|      |    |      |         |                |
|      |    |      |         |                |
|      |    |      |         |                |
|      |    |      |         |                |

# Monthly *Notes*

# Supply *Inventory*

| PRODUCT | SUPPLIER | QTY | COST |
|---------|----------|-----|------|
|         |          |     |      |
|         |          |     |      |
|         |          |     |      |
|         |          |     |      |
|         |          |     |      |
|         |          |     |      |
|         |          |     |      |
|         |          |     |      |
|         |          |     |      |
|         |          |     |      |
|         |          |     |      |
|         |          |     |      |
|         |          |     |      |
|         |          |     |      |
|         |          |     |      |
|         |          |     |      |
|         |          |     |      |
|         |          |     |      |
|         |          |     |      |
|         |          |     |      |
|         |          |     |      |
|         |          |     |      |
|         |          |     |      |
|         |          |     |      |
|         |          |     |      |

# Supply Inventory

| PRODUCT | SUPPLIER | QTY | COST |
|---------|----------|-----|------|
|         |          |     |      |
|         |          |     |      |
|         |          |     |      |
|         |          |     |      |
|         |          |     |      |
|         |          |     |      |
|         |          |     |      |
|         |          |     |      |
|         |          |     |      |
|         |          |     |      |
|         |          |     |      |
|         |          |     |      |
|         |          |     |      |
|         |          |     |      |
|         |          |     |      |
|         |          |     |      |
|         |          |     |      |
|         |          |     |      |
|         |          |     |      |
|         |          |     |      |
|         |          |     |      |
|         |          |     |      |
|         |          |     |      |
|         |          |     |      |

# Supply Inventory

| PRODUCT | SUPPLIER | QTY | COST |
|---------|----------|-----|------|
|         |          |     |      |
|         |          |     |      |
|         |          |     |      |
|         |          |     |      |
|         |          |     |      |
|         |          |     |      |
|         |          |     |      |
|         |          |     |      |
|         |          |     |      |
|         |          |     |      |
|         |          |     |      |
|         |          |     |      |
|         |          |     |      |
|         |          |     |      |
|         |          |     |      |
|         |          |     |      |
|         |          |     |      |
|         |          |     |      |
|         |          |     |      |
|         |          |     |      |
|         |          |     |      |
|         |          |     |      |
|         |          |     |      |
|         |          |     |      |
|         |          |     |      |
|         |          |     |      |

# Supply *Inventory*

| PRODUCT | SUPPLIER | QTY | COST |
|---------|----------|-----|------|
|         |          |     |      |
|         |          |     |      |
|         |          |     |      |
|         |          |     |      |
|         |          |     |      |
|         |          |     |      |
|         |          |     |      |
|         |          |     |      |
|         |          |     |      |
|         |          |     |      |
|         |          |     |      |
|         |          |     |      |
|         |          |     |      |
|         |          |     |      |
|         |          |     |      |
|         |          |     |      |
|         |          |     |      |
|         |          |     |      |
|         |          |     |      |
|         |          |     |      |
|         |          |     |      |
|         |          |     |      |
|         |          |     |      |
|         |          |     |      |
|         |          |     |      |

# Suppliers *List*

| PRODUCT | DESCRIPTION | VENDOR | WEBSITE |
|---------|-------------|--------|---------|
|         |             |        |         |
|         |             |        |         |
|         |             |        |         |
|         |             |        |         |
|         |             |        |         |
|         |             |        |         |
|         |             |        |         |
|         |             |        |         |
|         |             |        |         |
|         |             |        |         |
|         |             |        |         |
|         |             |        |         |
|         |             |        |         |
|         |             |        |         |
|         |             |        |         |
|         |             |        |         |
|         |             |        |         |
|         |             |        |         |
|         |             |        |         |
|         |             |        |         |
|         |             |        |         |
|         |             |        |         |
|         |             |        |         |
|         |             |        |         |
|         |             |        |         |
|         |             |        |         |
|         |             |        |         |

# Suppliers *List*

| PRODUCT | DESCRIPTION | VENDOR | WEBSITE |
|---------|-------------|--------|---------|
|         |             |        |         |
|         |             |        |         |
|         |             |        |         |
|         |             |        |         |
|         |             |        |         |
|         |             |        |         |
|         |             |        |         |
|         |             |        |         |
|         |             |        |         |
|         |             |        |         |
|         |             |        |         |
|         |             |        |         |
|         |             |        |         |
|         |             |        |         |
|         |             |        |         |
|         |             |        |         |
|         |             |        |         |
|         |             |        |         |
|         |             |        |         |
|         |             |        |         |
|         |             |        |         |
|         |             |        |         |
|         |             |        |         |
|         |             |        |         |
|         |             |        |         |
|         |             |        |         |
|         |             |        |         |
|         |             |        |         |

# Suppliers *List*

| PRODUCT | DESCRIPTION | VENDOR | WEBSITE |
|---------|-------------|--------|---------|
|         |             |        |         |
|         |             |        |         |
|         |             |        |         |
|         |             |        |         |
|         |             |        |         |
|         |             |        |         |
|         |             |        |         |
|         |             |        |         |
|         |             |        |         |
|         |             |        |         |
|         |             |        |         |
|         |             |        |         |
|         |             |        |         |
|         |             |        |         |
|         |             |        |         |
|         |             |        |         |
|         |             |        |         |
|         |             |        |         |
|         |             |        |         |
|         |             |        |         |
|         |             |        |         |
|         |             |        |         |
|         |             |        |         |
|         |             |        |         |
|         |             |        |         |
|         |             |        |         |
|         |             |        |         |
|         |             |        |         |

# Suppliers List

| PRODUCT | DESCRIPTION | VENDOR | WEBSITE |
|---------|-------------|--------|---------|
|         |             |        |         |
|         |             |        |         |
|         |             |        |         |
|         |             |        |         |
|         |             |        |         |
|         |             |        |         |
|         |             |        |         |
|         |             |        |         |
|         |             |        |         |
|         |             |        |         |
|         |             |        |         |
|         |             |        |         |
|         |             |        |         |
|         |             |        |         |
|         |             |        |         |
|         |             |        |         |
|         |             |        |         |
|         |             |        |         |
|         |             |        |         |
|         |             |        |         |
|         |             |        |         |
|         |             |        |         |
|         |             |        |         |
|         |             |        |         |
|         |             |        |         |
|         |             |        |         |
|         |             |        |         |
|         |             |        |         |
|         |             |        |         |
|         |             |        |         |

# Supplier *Contacts*

| | |
|---|---|
| **NAME:** _____ | **NAME:** _____ |
| **BUSINESS:** _____ | **BUSINESS:** _____ |
| **WEBSITE:** _____ | **WEBSITE:** _____ |
| **EMAIL:** _____ | **EMAIL:** _____ |
| **PHONE:** _____ | **PHONE:** _____ |
| **NAME:** _____ | **NAME:** _____ |
| **BUSINESS:** _____ | **BUSINESS:** _____ |
| **WEBSITE:** _____ | **WEBSITE:** _____ |
| **EMAIL:** _____ | **EMAIL:** _____ |
| **PHONE:** _____ | **PHONE:** _____ |
| **NAME:** _____ | **NAME:** _____ |
| **BUSINESS:** _____ | **BUSINESS:** _____ |
| **WEBSITE:** _____ | **WEBSITE:** _____ |
| **EMAIL:** _____ | **EMAIL:** _____ |
| **PHONE:** _____ | **PHONE:** _____ |
| **NAME:** _____ | **NAME:** _____ |
| **BUSINESS:** _____ | **BUSINESS:** _____ |
| **WEBSITE:** _____ | **WEBSITE:** _____ |
| **EMAIL:** _____ | **EMAIL:** _____ |
| **PHONE:** _____ | **PHONE:** _____ |

# Supplier Contacts

| | |
|---|---|
| **NAME:** _____ | **NAME:** _____ |
| **BUSINESS:** _____ | **BUSINESS:** _____ |
| **WEBSITE:** _____ | **WEBSITE:** _____ |
| **EMAIL:** _____ | **EMAIL:** _____ |
| **PHONE:** _____ | **PHONE:** _____ |
| **NAME:** _____ | **NAME:** _____ |
| **BUSINESS:** _____ | **BUSINESS:** _____ |
| **WEBSITE:** _____ | **WEBSITE:** _____ |
| **EMAIL:** _____ | **EMAIL:** _____ |
| **PHONE:** _____ | **PHONE:** _____ |
| **NAME:** _____ | **NAME:** _____ |
| **BUSINESS:** _____ | **BUSINESS:** _____ |
| **WEBSITE:** _____ | **WEBSITE:** _____ |
| **EMAIL:** _____ | **EMAIL:** _____ |
| **PHONE:** _____ | **PHONE:** _____ |
| **NAME:** _____ | **NAME:** _____ |
| **BUSINESS:** _____ | **BUSINESS:** _____ |
| **WEBSITE:** _____ | **WEBSITE:** _____ |
| **EMAIL:** _____ | **EMAIL:** _____ |
| **PHONE:** _____ | **PHONE:** _____ |

# Supplier *Contacts*

**NAME:** _____

**BUSINESS:** _____

**WEBSITE:** _____

**EMAIL:** _____

**PHONE:** _____

**NAME:** _____

**BUSINESS:** _____

**WEBSITE:** _____

**EMAIL:** _____

**PHONE:** _____

**NAME:** _____

**BUSINESS:** _____

**WEBSITE:** _____

**EMAIL:** _____

**PHONE:** _____

**NAME:** _____

**BUSINESS:** _____

**WEBSITE:** _____

**EMAIL:** _____

**PHONE:** _____

**NAME:** _____

**BUSINESS:** _____

**WEBSITE:** _____

**EMAIL:** _____

**PHONE:** _____

**NAME:** _____

**BUSINESS:** _____

**WEBSITE:** _____

**EMAIL:** _____

**PHONE:** _____

**NAME:** _____

**BUSINESS:** _____

**WEBSITE:** _____

**EMAIL:** _____

**PHONE:** _____

**NAME:** _____

**BUSINESS:** _____

**WEBSITE:** _____

**EMAIL:** _____

**PHONE:** _____

# Supplier Contacts

**NAME:** _____

**BUSINESS:** _____

**WEBSITE:** _____

**EMAIL:** _____

**PHONE:** _____

**NAME:** _____

**BUSINESS:** _____

**WEBSITE:** _____

**EMAIL:** _____

**PHONE:** _____

**NAME:** _____

**BUSINESS:** _____

**WEBSITE:** _____

**EMAIL:** _____

**PHONE:** _____

**NAME:** _____

**BUSINESS:** _____

**WEBSITE:** _____

**EMAIL:** _____

**PHONE:** _____

**NAME:** _____

**BUSINESS:** _____

**WEBSITE:** _____

**EMAIL:** _____

**PHONE:** _____

**NAME:** _____

**BUSINESS:** _____

**WEBSITE:** _____

**EMAIL:** _____

**PHONE:** _____

**NAME:** _____

**BUSINESS:** _____

**WEBSITE:** _____

**EMAIL:** _____

**PHONE:** _____

**NAME:** _____

**BUSINESS:** _____

**WEBSITE:** _____

**EMAIL:** _____

**PHONE:** _____

# Supplier Contacts

**NAME:** _____  **NAME:** _____

**BUSINESS:** _____  **BUSINESS:** _____

**WEBSITE:** _____  **WEBSITE:** _____

**EMAIL:** _____  **EMAIL:** _____

**PHONE:** _____  **PHONE:** _____

---

**NAME:** _____  **NAME:** _____

**BUSINESS:** _____  **BUSINESS:** _____

**WEBSITE:** _____  **WEBSITE:** _____

**EMAIL:** _____  **EMAIL:** _____

**PHONE:** _____  **PHONE:** _____

---

**NAME:** _____  **NAME:** _____

**BUSINESS:** _____  **BUSINESS:** _____

**WEBSITE:** _____  **WEBSITE:** _____

**EMAIL:** _____  **EMAIL:** _____

**PHONE:** _____  **PHONE:** _____

---

**NAME:** _____  **NAME:** _____

**BUSINESS:** _____  **BUSINESS:** _____

**WEBSITE:** _____  **WEBSITE:** _____

**EMAIL:** _____  **EMAIL:** _____

**PHONE:** _____  **PHONE:** _____

# Supplier *Contacts*

**NAME:** _____  **NAME:** _____

**BUSINESS:** _____  **BUSINESS:** _____

**WEBSITE:** _____  **WEBSITE:** _____

**EMAIL:** _____  **EMAIL:** _____

**PHONE:** _____  **PHONE:** _____

---

**NAME:** _____  **NAME:** _____

**BUSINESS:** _____  **BUSINESS:** _____

**WEBSITE:** _____  **WEBSITE:** _____

**EMAIL:** _____  **EMAIL:** _____

**PHONE:** _____  **PHONE:** _____

---

**NAME:** _____  **NAME:** _____

**BUSINESS:** _____  **BUSINESS:** _____

**WEBSITE:** _____  **WEBSITE:** _____

**EMAIL:** _____  **EMAIL:** _____

**PHONE:** _____  **PHONE:** _____

---

**NAME:** _____  **NAME:** _____

**BUSINESS:** _____  **BUSINESS:** _____

**WEBSITE:** _____  **WEBSITE:** _____

**EMAIL:** _____  **EMAIL:** _____

**PHONE:** _____  **PHONE:** _____

# Supplier *Contacts*

| | |
|---|---|
| **NAME:** _____ | **NAME:** _____ |
| **BUSINESS:** _____ | **BUSINESS:** _____ |
| **WEBSITE:** _____ | **WEBSITE:** _____ |
| **EMAIL:** _____ | **EMAIL:** _____ |
| **PHONE:** _____ | **PHONE:** _____ |

| | |
|---|---|
| **NAME:** _____ | **NAME:** _____ |
| **BUSINESS:** _____ | **BUSINESS:** _____ |
| **WEBSITE:** _____ | **WEBSITE:** _____ |
| **EMAIL:** _____ | **EMAIL:** _____ |
| **PHONE:** _____ | **PHONE:** _____ |

| | |
|---|---|
| **NAME:** _____ | **NAME:** _____ |
| **BUSINESS:** _____ | **BUSINESS:** _____ |
| **WEBSITE:** _____ | **WEBSITE:** _____ |
| **EMAIL:** _____ | **EMAIL:** _____ |
| **PHONE:** _____ | **PHONE:** _____ |

| | |
|---|---|
| **NAME:** _____ | **NAME:** _____ |
| **BUSINESS:** _____ | **BUSINESS:** _____ |
| **WEBSITE:** _____ | **WEBSITE:** _____ |
| **EMAIL:** _____ | **EMAIL:** _____ |
| **PHONE:** _____ | **PHONE:** _____ |

# Supplier *Contacts*

**NAME:** _____  **NAME:** _____

**BUSINESS:** _____  **BUSINESS:** _____

**WEBSITE:** _____  **WEBSITE:** _____

**EMAIL:** _____  **EMAIL:** _____

**PHONE:** _____  **PHONE:** _____

**NAME:** _____  **NAME:** _____

**BUSINESS:** _____  **BUSINESS:** _____

**WEBSITE:** _____  **WEBSITE:** _____

**EMAIL:** _____  **EMAIL:** _____

**PHONE:** _____  **PHONE:** _____

**NAME:** _____  **NAME:** _____

**BUSINESS:** _____  **BUSINESS:** _____

**WEBSITE:** _____  **WEBSITE:** _____

**EMAIL:** _____  **EMAIL:** _____

**PHONE:** _____  **PHONE:** _____

**NAME:** _____  **NAME:** _____

**BUSINESS:** _____  **BUSINESS:** _____

**WEBSITE:** _____  **WEBSITE:** _____

**EMAIL:** _____  **EMAIL:** _____

**PHONE:** _____  **PHONE:** _____